138億年の人生論

東京大学名誉教授／
千葉工業大学惑星探査研究センター所長
松井孝典

飛鳥新社

まえがき

本書は、科学者として半世紀ほど歩んできた私が初めて著《あらわ》す「人生論」となります。

私の専門は惑星科学という分野です。惑星科学とは、かんたんに申し上げれば、地球を含めたこの宇宙のなりたちと進化を研究する学問のことです。

この分野の専門家として、NHKの「パノラマ太陽系」「地球大紀行」、あるいはNASAの惑星探査に関連した「NHKスペシャル」といった番組で解説を担当しましたから、ふだんは科学になじみのない方でも、私のことをご存知の方もいらっしゃるかもしれません。

学生時代にアポロ計画による月の探査に心酔したのが、私がこの世界に飛び込んだきっかけでした。それからというもの、宇宙がどのようにできたのか、宇宙のなかで太陽系やこの地球はどのようにして生まれたのか。生命はどのように生まれ、進化したのか。人間はどのように文明を築いたのか……。好奇心にまかせて探究を続けるうちに、「138億年前に宇宙が誕生してから現代にいたるまでの森羅万象」を研究範囲とするようになってしまいました。

さて、長年こうした知的探究を続けてきたなかで、気づいたことがあります。科学者としての私の探究は、私の「生き方」にも大きな恵みをもたらしてくれている、と。

どういうことかと言うと、人生でどんなトラブルが起きても、私はクヨクヨすることがほぼなくなったのです。人生がとてもスッキリしているのです。

私は現在72歳ですから、もちろん肉体的には老いに向かっています。それなりに持病もかかえていますし、胃がんをわずらい、死を覚悟したこともあります。また、過去には科学者としての挫折も経験しています。

それにもかかわらず、歳を重ねるごとに、私の研究活動はますます充実したものになり、人生はますます見晴らしがよく、スッキリとしたものになっているのです。

これは生来の性格と言うより、科学者としての探究生活で培《つちか》った「宇宙スケールの視座」によるところが大きいと、私は考えています。

本書で私が伝えたいことはいくつかあるのですが、1つだけ先取りして申し上げると、「斉一説《せいいっせつ》から逃れましょう」ということです。

「斉一説」とはもともと地質学の言葉で、平たく言えば「過去は現在の鏡。過去と現在と未来はゆるやかな地続きになっている。したがって、過去に何が起きていたのかは、現在目の前に起きていることから類推できる」という考え方です。

この考え方は、世の中のいたるところに見られます。

でも、ほんとうにそうでしょうか？

たとえば「恐竜の絶滅」はどうでしょう。恐竜は長い時間をかけてじわじわと絶滅したのではなく、６５５０万年前の突発的な「天体衝突」によって一気に地球上から姿を消したことが、30年にわたる論争をへて、２０１０年に結論づけられています。

つまり数千万年というスパンで見れば、「この世界というのは、過去と地続きであるとはかぎらず、天変地異といった予期せぬ出来事によって大きく変わるものだ」ということが腑《ふ》に落ちるわけです。

この世界は斉一説ではなく、予期せぬ出来事によって成り立っている――。そうとなれば、「わからない未来」に思い悩むことほどムダなことはなく、いまのこの一刻一刻を精一杯生きることこそが人生において大事だとわかるわけです

（ついでに申し上げれば、年配の方がしばしばおっしゃる「歴史に学べ」という斉一説的なお説教が、まったくナンセンスだということもわかるわけです）。

本書は、「人生」について私が思索してきたことを、25の断章形式でまとめたものです。このささやかな1冊が皆さんの人生の見晴らしをよくし、知的生活を豊かにする一助となれば、著者としてこれほど嬉しいことはありません。

2018年10月

松井孝典

138億年の人生論◎**目次**

まえがき 1

第1章 人生論

1 人生は「砂時計」である 12
2 「わかる」とはどういうことか 18
3 「未来」を思い悩む必要はない 24

第2章　幸福論

4　「正しい問い」を立てる　32
5　「お金」はしょせん幻想　38
6　死ぬことより怖いのは、「脳」が機能しなくなること　43
7　きわめるべき「道」を見つける　47
8　宇宙138億年史を一望してわかる「美しさ」　52
9　科学と「悟り」　56

第3章　仕事論

10　「ひらめき」は普段から考えている人にのみ訪れる　62

11 「わかる」と「わからない」の境界を知る 69
12 仕事の成功は「最初の波」に乗れるかどうかで決まる 73
13 「肩書」ではなく「固有名」で仕事をする 79
14 現代は「一流の仕事」ができる時代 82

第4章 人づきあい論

15 話が通じないのは「内部モデル」がちがうから 90
16 家族について 96

第5章 健康論

17 「現役」をやめると早く歳をとる 102
18 過去をふりかえる暇があれば新しいチャレンジを 107

第6章 教養論

19 なぜ「知」はルネッサンスまで進歩しなかったのか 114
20 一瞬の油断で「運」はすり抜ける 120
21 「見えている世界」に縛られないためには 124
22 実際に行動して「俯瞰する視点」を養う 128
23 英語以前に「日本語で伝えるべき内容」をもつ 136

24　インターネットは歴史に逆行している　141
25　結局のところ「人生」とは何か　147
付録——この宇宙の遠大さと魅力に触れるための10冊　152

第1章 人生論

1

人生は「砂時計」である

人生論とは、人生の意義や目的について論じることだというのは誰でも知っています。突き詰めれば、どうすれば幸福な人生を送ることができるのか、という問いを立てて、その答えを探すということです。

そういう問題が自分の頭のなかで大きな割合を占めるようになるのは、どうやら50〜60歳くらいの、一般には中高年と呼ばれる世代に差しかかってからのようです。

この世代は、まだ完全に引退するには若いと思っている一方で、人生の残り時間が少しずつ見え始めてもいるというわけです。砂時計のようなもので、まだ砂がたくさん残っているときは、砂の減り方がわからない。つまり、人生なんて考えようともしない。しかし、残りの砂が少なくなると、急激に減り方が速くなったと感じるようになる。そうなってから急に人生をどうしようかと考えても、ほんとうは遅いのです。

砂の量は皆、同じ量だけしか与えられていません。減っていくペースも一緒。

それなら、できるだけ若いうちに人生について考えておくべきでしょう。
私自身の経験から言っても、20歳くらいまでに考えれば、その人生はかならず実現します。

お世辞にも勉強家とは言えない子ども時代でしたが、何かの道をきわめようという気持ちはずっと持ち続けてきました。そのきっかけを辿れば、小学校の頃に読書を通じて憧れた、武将や剣豪小説の主人公たちの生き様に触れたところまでさかのぼります。

当時の少年たちの多くは、少年剣士の赤胴鈴之助《あかどうすずのすけ》に熱中したものです。それで私も、中学に進むと同時に剣道部に入部しました。当時は東京の三多摩地区の中高を通じた大会で、3年連続して優勝するなど、剣の道をきわめることに熱中していました。残念ながら高校では剣道をする環境に恵まれなかったため、きわめるところまではいきませんでしたが、何かをきわめようという意志だけはしっかりと育まれていったように思います。

高校に入学してからは剣道に代わって読書への興味が復活し、当時は誰もがそうであったように、歴史や哲学に関心が向いていきました。

高校に入ると、当然、将来の進路についても考えることになります。多くの人が進学先を選ぶ際、学力を基準に選ぶのでしょうが、このときも私は、それ以上に自分の人生をどうするかについて考え、そのために必要となる進学先を選びました。高校に入るまでは東京大学の工学部が頭のなかにあったように思います。漠然とながらロケットの開発者になろうと考えていたからです。私がまだ小学生だった頃、旧ソ連の初の人工衛星スプートニクが打ち上げられたのがよほど印象に残っていたのでしょう。学校の課題として出された自分の将来についての作文で、ロケットの技術者になりたいと書いたことが刷り込まれ、中学、高校を通じてずっとそう思い込んでいました。

しかし、その漠然とした希望もすぐに軌道修正することになります。ロケット技術者となるには、実際にロケットを製造している企業に就職することになるわけですが、それは自分の時間を会社に売って、お金をもらうということを意味します。すでに歴史や哲学の本を読みふけっていた私は、思索する人生、ようするに100パーセント自分の自由に時間を使える人生こそが最上だと信じていましたので、それで技術者から学者へと進路を変更したのです。理学部か文学部か、最後まで迷いましたが、まったくゼロの状態から自分の頭で考えるなら、文学や歴史よりも物理だろう——。そんな理由から、最終的に理学部を志望したのです。

むろん、いまこれを読んでいるすべての人に、私と同じコースを歩めと申し上げているのではありません。ただ、自分の人生を考えるならできるだけ早い方が、それだけ実現可能性が高まるのはまちがいありません。また、どこへ向かって行くかを決めるにしても、まず自分の人生をどうするか考えなければ決められないということです。

しかしそうは言っても、一度進んでしまった時計の針を元へ戻すわけにはいきません。だからこそ、人生をどうしようかと考えた時点で、少しでも早くそのことについてじっくり思索すべきだと言いたいのです。

幸か不幸か、現代は平均寿命が飛躍的に延び、人生100年時代と言われています。50～60代なら、まだ人生半ば。70～80代になって慌てないようにするには、今からでも遅くありませんから、思索する癖《くせ》をつけ、その適切な方法を学ぶことです。本書ではそうした方法論も、できるかぎりご紹介しようと思います。

2

「わかる」とはどういうことか

世の中にはたくさんの人生哲学書が出回っています。タイトルに「人生論」の文字を掲げている本書もまた、新たにそこへ連なる1冊ということになりそうですが、私がこれまでに刊行されてきた多くの類書に対して不満に思うのは、そこにまったくと言っていいほど20、21世紀の視点が欠落しているところです。

自分の人生をどうするか考えると言うと、多くの人がまず自分の身の回りを見渡すことから始めるでしょう。もちろん、それも必要なことですが、私たちが「在《あ》る」と言った場合、すべてが身の丈サイズの現象で決まっているのではないということは、常に頭に入れておくべきです。

たとえばアインシュタインの特殊相対性理論を思い出してみるといいでしょう。この理論が明らかにした、もっとも衝撃的な原理は、「この世界の時間と空間は運動や重力で伸び縮みする」ということでした。この理論が完成しなければ、スマートフォンに内蔵されているGPS（全地球測位システム）機能が正しく作動することはなかったはずです。GPSは人工衛星を使った測位システムであり、地上とは異なる重力下で運動しているそれらのシステムを用いる際には、一般相対性理論の効果も考慮に入れる必要があるからです。

それほど重要な特殊相対性理論にもかかわらず、しかし我々がその原理を肉眼で確認することは不可能です。法則とか原理とか呼ばれるこうした概念が姿を現すとすれば、それは言葉や数式において以外にないのです。

肉眼ではなく科学の目によってのみ明らかになる世界を、私は「見えない世界」と読んでいます。

アインシュタインが明らかにしたこの「見えない世界」は、宇宙スケールのマクロな世界ともいえますが、それとほぼ時を同じくして、ミクロな「見えない世界」の領域にも人類は着実に足を踏み入れています。

現在描き出されている素粒子の標準模型は10億×10億分の1メートルというスケールの現象を記述するモデルであり、それよりさらに、物理的な長さの最小として「プランク長」と呼ばれる10億×10億×10億×10億分の1メートルというスケールの現象も存在します。光で見える宇宙の果ては10億×10億×10億メートルなので、我々が経験で知ることのできる世界の上限と下限の範囲のなかに、10の63乗という気の遠くなるような世界が広がっているわけです。また、時間にも同様に、「プランクの時間」と呼ばれる限界が存在していることがわかっています。

これらの原理が、我々が現に生きている世界の大前提になっていると考えたとき、そのことを知らずして、我々がどうしてここにいるのか、どうやって生きていくべきか、我々は何者なのか、といった問題に答えることなど、本当はできないはずなのです。

もし、そうした前提についての知識をまったくもたずに「人生とはかくあるべきだ」と答えたとしたら、それは単に漠然と「人生とは、世界とは、そういうものだ」とわかった気になっているにすぎません。

人生論にかぎらず、この「わかる」かどうかは現代人にとって大きな問題です。

科学的に「わかる」といった場合、それは、科学のルールに基づいて外界を脳のなかに投影し、その結果構築されたモデル、すなわち「内部モデル」に基づいて解釈することを意味します。

とは言え、科学と科学技術が圧倒的に発達してしまった昨今、「わかる」ことが問題となる世界は、より細分化され、専門化されすぎてしまいました。よほどそのことに精通した専門家でないかぎり、本当の意味で「わかる」ことはもはや不可能なのかもしれません。そんな状況のなかで概念を共有しようとするなら、むしろ「納得する・しない」ということを問題にする方がよいでしょう。

科学以外でなら、これは宗教に近い考え方と言えます。宗教において科学のルールに相当するのは神です。その神に基づいて外界を投影してつくられた内部モデルの正否は通常問われません。その宗教を信仰する者は、ただそれを信じ、それにしたがって解釈、判断をします。すなわちそれが、「納得する」ということです。

もし専門家以外にこの世界の本質を深いところまで説明するとしたら、「わかる」世界で手に入れたものを「納得する」世界にフィードバックさせるしかないと私は考えています。その科学的な知の世界は、我々が生きていくうえでどんな意味があり、どのような考え方でとらえれば役立つのか。

これはもともと、長年たずさわってきた科学や科学技術についての知見を、一般の人にどのような形で説明すればよいのかという問題に直面したときに考えてきたことですが、人生論を展開する際にも、まったく同じことが言えると私は考えているのです。

3

「未来」を思い悩む必要はない

宇宙、地球、生命、文明の起源と進化を研究していると、「未来はどうなっていますか？」と聞かれることがよくあります。たぶんそういう人は、人生についても、先のことばかり考えているのでしょう。

しかし、科学者の立場から言えば、これはまったくばかげています。

人間の脳は、その瞬間ごとにさまざまなことを認知しています。言い換えれば、脳が認知した瞬間だけ、その現実というものが実現しているということ。つまりそれが現在です。その記憶が過去ということです。

一方、未来は、文字通りまだ実現していないわけですから、実際にそれが実現するかどうかは、実現してみないとわかりません。そしてひとたび実現すれば、それはすでにその瞬間ごとの現在であって、「未来」ではなくなっています。

我々が生きているというのは、そういうことです。その瞬間の一刻一刻しかないのです。そして、いまこの一刻一刻をどう生きるかが一番重要だと、私は考えています。それをわかっていない人は、先のことばかり考えますが、本当は何をどう考えてみたところで、あらゆる可能性があるだけで、個々の可能性には意味がないのです。

これも、大きな話で考えるとわかりやすいかもしれません。

地球や生命の歴史をどのようにとらえるかに関して、「激変説《げきへんせつ》」と「斉一説《せいいっせつ》」という2つの考え方があります。

激変説（もしくは天変地異説）とは、地質学、あるいは進化生物学の文脈のなかでフランスのジョルジュ・キュビエ（1769～1832）が最初に提唱した仮説です。その当時はノアの洪水のような天変地異が繰り返されることで、化石や地球の地質構造が不連続的な状態をつくるにいたったと考えられていました。

一方の斉一説は、スコットランドのチャールズ・ライエル（1797～1875）の著書『地質学原理』によって提唱された仮説です。地球と生命の全歴史を通じて作用してきた原因のすべては、現在我々の目の前で展開されている自然現象の原理から類推することが可能だというのが、その論旨。平たく言えば、

「いまこうなのだから昔はこうだったのだろう。いまも昔も起こっていることは変わらない。そしていまがこうなのだから、未来はこうなるはずだ」という考え方です。ダーウィンが『地質学原理』を読んで進化論、すなわち自然選択説という考え方を生み出したのは有名な話です。

激変説あるいは天変地異説が荒唐無稽《こうとうむけい》だとしりぞけられ、斉一説が科学界の趨《すう》勢《せい》を担ったのは、主に2つの理由からです。つまり、当時はまだ激変説の科学的妥当性を実証する手段がなかったのと、19世紀に地質学の分野が飛躍的な進歩をとげる過程で、聖書の記述をもとに推定されていた地球の誕生の歴史が大きく塗り替えられつつあった、という時代背景が影響したためです。

ところが、20世紀のアポロ探査以降、地球史においても生命史においても激変説は鮮やかな復活をとげます。ただしそれはノアの洪水ではなく、宇宙から飛来した小惑星などによる「天体衝突」が原因でした。小惑星の衝突によるエネルギーは広島型原爆の爆発エネルギーの約10億倍に相当すると推定され、衝突の瞬間に発生する蒸気雲の温度は1万度を超えます。地中に伝わる衝撃波はマグニチュードに換算すると11以上と推定され、海底には大規模な地滑りが誘発され、300メートルを超える津波が引き起こされます。

いずれも、地球環境や生態系に重大な変化をもたらすもので、斉一説ではとうていとらえきれない進化の過程ということができます。

我々は意識するとしないとにかかわらず、いま現実に経験する事柄をもとに過去や未来を考えるものですが、このように長いタイムスケールでみたら、日常が劇的に変わることは決して珍しいことではないのです。

いや、たとえ長いタイムスケールでなくとも、げんに我々は、たとえば2011年3月11日に東北地方を襲った大地震の経験などから、そのことをすでに受け止めているはずです。

人生や社会が、何らかの大きな力によって大きく変化することを多くの人が実感するようになった今日、天変地異もまた、いまという瞬間の出来事の1つなのです。

明日突然、地球環境が大きく変わるような出来事が起こるとしたら、斉一説的に未来のことなど考えていても意味がありません。大切なのは、瞬間瞬間の決断であり、人生は、瞬間ごとの決断の積み重ねです。

私はその決断をするために、宇宙のことを知り、生命のことを知り、地球のことを知り、その結果として人間や文明のことを深く理解しようとしているのです。

第2章

幸福論

4

「正しい問い」を立てる

いまの入学試験制度がそうだからでしょうか。難しい問題を「解く」技術に長《た》けた人は多いのですが、「問題をつくる」ことができない人が多いと感じます。

私たち自然科学者にとっては、「問題をいかにしてつくるか」がもっとも重要です。問いを立てられるかどうかが、何を考えるにしても、最初のステップというわけです。

ところが、学生が私のところへ来て、あんなことがやりたい、こんなことがやりたいというその内容が、どれも教科書に書いてあることをもとにした話ばかりなのです。ようするに、彼らは教科書に書いてあることがすべて正しいと思っているのです。

そういう人にかぎって、生命の起源とか、系外惑星や太陽系の起源・進化という大きな問題をやりたいとか言うのですが、起源と進化ほど曖昧な言葉はありません。たとえば、本当に地球の上で生命が生まれたかどうかさえ、確かなことはわかっていないのです。それを、本の内容を鵜呑みにするものだから、あたかも生命は地球上で生まれたというのを前提のようにして、議論を始めようとするのが、多くの学生たちです。本当は、著者のレベルが低いからそう書いてあるにすぎないのでは？　という想像は働きません。だから、教育者としての私の主な仕事は、そういう常識を覆《くつがえ》すこととなります。

考えるということには、さまざまな段階があります。たとえば、生命について考えるとしましょう。そこで最初に行なうべきは、「生命についてどんなことがわかっているか、その根拠は何か」というような情報を脳に入力することです。それがすんだら、次はその情報をもとに、その根拠をより細かい領域の問題へと切り分けていきます。そして、その細かくしていった問題のなかから、取り組むべき対象を絞り込んでいきます。これが、その人にとって具体的に解くべき問題ということになります。

しかし、もちろんそれで終わりではありません。つくられた問題は、実際に解いて初めて「わかる」という最終地点に到達するのです。問題が曖昧なままでは、何を解くべきかがわからないわけですから、それでは思考が先に進むはずがありません。

人生論にも、これとよく似たところがあるのではないでしょうか。

ただ、幸せになりたいとか、幸せになるにはどうしたらいいか？　とか、曖昧な言い方しかできないようだと、具体的にいまどこに問題があって、それを解決するにはどのような選択肢があるか、といったように、明確な答えが得られるだけの、きちんとした問いにはなっていません。

たとえば私の場合なら、まず、自分の一生で何が一番幸せなのか、満足がいくのかと考えるところから始めます。

その結果、「人生にとって幸せなのは、自分の時間を100パーセント、満足して自由に使えることが重要だ」という答えが出ました。では、自由とは何か？

それは、仕事において、好きなことを好きなだけやり続けられる環境に身を置くことである。

そこまで考えついたら、自分の好きなことは何かを絞り込むことです。そうすると、思いつくのは、子どもの頃、剣豪小説に熱中した経験から、1つの道をきわめること。そこに、アポロ計画に端を発する宇宙への興味が重なり、「科学者として自然をきわめたい」という思いにいたりました。その間には、宇宙ロケットを開発する民間企業に就職するという選択肢も検討しましたが、それでは、自分の時間を会社に拘束される割合が高いと考えられ、自分の時間を100パーセント自由に使えるという考えとは相容れません。

こうして最終的に、「学者」という道に思いいたりました。大学の研究機関で、好きなだけ宇宙や自然についてきわめることが自分にとって一番の幸せだという結論になり、では、そういうかたちでの幸せな人生を実現するにはどうしたらよいか？　という問いが立てられるわけです。

いまの入学試験でも、学校の課題でも、問題を解くことに重きをおいて、問いを立てるという訓練はどうも疎《おろそ》かにになっているようです。自然科学を学んだ人なら、まだしも多少はそうした訓練をしていると思いますが、人文科学ではどうでしょう。私の知るかぎり、自然科学の分野以上に知識を詰め込むことにかまけているような気がします。

何度でも強調しますが、考えるというのは、きちんと答えの見出せる問いを立てることです。幸せになるにはどうすればいいか？　という思いにいたる問いは、決して簡単に立てられるものではありません。どうせ考えるなら、正しい答えが導き出せるような具体性と実現可能性の高い問いを立てるべきだと思います。

5

「お金」はしょせん幻想

物理学という観念の世界を生きてきた私ですが、人生の折々で現実の世界を覗き込む機会も数多く経験してきました。その結果、それまでの幻想が全部崩れてしまう、ということもあります。

典型的なのは、貨幣に対する幻想です。

それは1980年代のことでした。その頃、私はマックス・プランク宇宙化学研究所の所長と懇意にしていた縁から、たびたびドイツに呼ばれていました。その所長というのが、詳しい理由はわからないけれども当時はまだソ連だった国の科学者と親しかった。それで同研究所には旧ソ連の科学者も数多く出入りしており、必然的に私も彼らと親しくなっていったのです。

このとき彼らが私に持ちかけたのが、ソ連の「フォボス計画」と呼ばれる惑星探査計画。その探査に向けて日本から撮影カメラの提供が受けられないかというのが、彼らが私にもちかけてきた話の趣旨でした。もともと私自身は探査にあまり興味がなく、日本の関連組織ともつながりはなかったのですが、日本として探査はまだまだという段階で、個人として探査に関わるのであれば新鮮で面白いのではないか。そう考えて、この申し出に乗ってみることにしました。

費用がどれくらいかかるのかと調べてみると、カメラの開発に、当時の金額でおよそ10億円くらいあれば可能そうです。それをどうやって調達するのかが、現実的には一番問題です。

では、こちらの見返りは？　というと、そのカメラで火星から送られてくる画像をどのように使ってくれてもいいという。じゃあ、企業の宣伝に使えるじゃないか。火星の地表を映して、探査機に企業のロゴが入っていればよい宣伝になる。ということで、当時個人的に知っていたサントリーの佐治信忠さん（現在は同社会長）のところへこの話を持ち込んだのです。

「火星探査に10億円出しませんか？」と佐治さんに話したら、すぐ乗り気になって、それでこのプロジェクトはスタートしました。私にとっても、これは日本初の試みだったため、とても面白い仕事となりました。

ところが、そんな矢先にソ連が崩壊します。サントリーからは、「先生、これはやっぱり旧ソ連から当初の計画通りに進むことを請け合ってもらわないと続けられません」と言ってきた。日本での計画がスタートするそのときに、突然相手国が崩壊してしまったのですから、これは出資者として当然でしょう。でも、あの混乱期に保証してくれるところなんてどこにもない。

いまにして思えば、崩壊前からすでに予兆はありました。向こうの科学アカデミーに呼ばれて講演などもしょっちゅう行なっていたのですが、その頃すでにソ連の通貨ルーブルは紙くず同然。どこへ行っても使えないから、食事をするときなどは、もっていたドルが使える店へ行くしかありませんでした。さもなければ、アカデミー会員たちが通うプライベートレストランへ行く。向こうの科学アカデミー会員は大きな権力をもっていて、彼らと一緒だと、外国人の私もそういう店に出入りすることができたのです。

結局、数年にわたるこのプロジェクトは実現しませんでした。旧ソ連崩壊前の社会を見ていて、貨幣は幻想だと改めて実感したのです。今日まであったことが、明日もあるとはかぎらない（これらの例からも、「今日まであったことは明日にもあるにちがいない」とする経験論や帰納主義はまちがいであることがわかります）。

もちろん、何かの事業計画を立てる際に、かならずお金というものが必要になることはまちがいありません。大学院時代に実行したユーラシア大陸自動車走破の旅だって、さまざまな企業や個人の支援があって実現したことです。

しかし、貨幣はそれにいくらいくらの価値があるという共同幻想があって、初めて貨幣としての実体があるのです。多くの人がその貨幣の価値を認めなくなれば、ある日突然紙切れに変わることが現実に起こり得ます。

私は実際に経験しましたが、本当は経験しなくても、日頃からそういう心づもりでいるべきでしょう。具体的には、必要以上にお金に固執しないことです。お金がすべての人生ほど、不確かで危険なものはありません。

6 死ぬことより怖いのは脳が機能しなくなること

歳をとると、自分があと何年生きられるかと考えることがあります。

52才の時に胃がんにかかりましたが、そのとき面白い体験をしました。つね日頃人生50年ということで生きてきたのですが、「50年生きたのだから、これで死んでも悔いはない」と、まったく心が乱れなかったのです。がんにかかっても死ぬことを怖いと感じなかったくらいですから、歳をとって死んでもそれが天命と、何の不満もありません。

ただし、早く死にたいと思っているわけではありません。科学と科学技術の発展によって我々の自然観が圧倒的に進んだのは事実ですが、宇宙の歴史の解読作業は21世紀になってやっと本格的な作業に取り組み始めたばかりです。解読できた部分は、まだほんの少ししかありません。

東大を定年退官後も、千葉工業大学に移って惑星探査研究センター所長の立場にある私は、いまも現役として、次から次へと新しいことに手を染めています。ここ数年は、人間圏がどのように誕生したかを探究するために、大村幸弘《おおむらさちひろ》さんという、トルコで40年以上発掘作業を続けている考古学者と、鉄器の起源の研究にも携わっています。２０１５年にカマンカレホユックという遺跡で、最初の鉄器文明を築いたことで知られているヒッタイトの鉄器よりも古い、４３００年くらい前の地層から鉄器が発掘されました。現在、その分析を進めているところです。

そういうわけで、まだまだ生きていたいという思いはあります。ただし、それも大脳皮質のニューロンの接続が働いているという前提条件が必要なのは言うまでもありません。

東大の救急病院の教授に知り合いがいたので、その人に「万が一のとき、脳の機能がダメになってしまったら、絶対に延命措置はとらないでほしい」と頼んでいました。一生現役の研究者として考え続けようと思っている私ですが、仮に研究職を退いても、同じ条件で自分の生き死にを決めることでしょう。

本書でたびたび述べるように、人生とは、脳のなかの内部モデルの蓄積そのものです。脳の働きが止まってしまったら、それがホモ・サピエンスとしての人生の終わりを意味するということです。それ以後の人生は、私には考えられません。

7
きわめるべき「道」を見つける

中学校に進んで剣道を始めたのは、1954年に連載が始まった人気漫画『赤胴鈴之助』への憧れが多分に強かったと思いますが、小学生の頃、立川文庫の『宮本武蔵』『荒木又右衛門』『山中鹿之助』『真田十勇士』といった剣豪、英雄豪傑物語を数多く読んだことも影響しているでしょう。

中学へ行ったら、剣の道をきわめる。そういう心境は、剣道を辞めたあとも、何かをきわめるという点で変わらずにもち続けたように思います。「きわめる」ことが、私の人生のテーマそのものになったのです。

人生とは道をきわめることにあり。

そう決めたら、なすべきことに迷いはありません。科学者としての私は、自然をきわめたいと思ったので、「わかること」と「わからないこと」の境界を探索し、頭のなかに膨大な知識のストックをつくり、その蓄積を元手にして、宇宙、地球、生命、文明について何十年にもわたって考え続けてきました。

毎日が楽しいのは、何のために生きているかがはっきりしているからでしょう。

この広い宇宙に、我々のような知的生命体が生まれたのは必然か偶然か。この宇宙では必然ですが、その誕生の過程を知るために、自然という「古文書」の解読を、命ある限り続けていきたいというのがいまの私の願いです。

当然、多くの知識はバラバラな状態のままなので、すぐに何かがひらめいて、霧のなかに一筋の光明が見えるわけではありません。むしろ、うまくひらめかないことの方が多いとさえ言えるでしょう。

しかし、うまくいかないからといって、苦しいと感じることはありません。何しろきわめることが人生のテーマなのですから、研究で何かしらの壁にぶち当たっても、それが当たり前と思うだけです。

私の経験から言えば、うまくいっているときの方がかえって不安です。スラスラとうまくいくということは、そこにこれまでとちがう斬新なアイデアがないと考えるべきでしょう。

困難にぶつかって、それを乗り越えたら、次にまた新たな困難にぶつかる。その繰り返しを経て到達した結論こそが、どんな分野であれその世界の最先端を突き抜けた地平であるはずなのです。

大きな成功の前の小さな挫折は、したがって経験すればするほどありがたいものです。

もしいまが人生の絶頂だったら、あとは落ちるだけ。その過程を実感することは、私には不安でしかありません。まさに「坂の上の雲」といった心境です。頑張って登っているときの方が、よほど精神的には楽なのです。いまでは、挫折したときの方がワクワクするくらいです。私にとって人生は修業なのです。

人生の大局観がこのような調子ですから、もっと小さな問題など、すべて想定内です。

たとえば家族関係でも、身内だと思うから意見がぶつかるとストレスに感じますが、1人ひとりが独立した、時空を構成する別の断面の存在だと思えば、自分の思うようにいかないのが当たり前です。この人は、どうしてこのような考え方をするのだろう？　とか、この人の気持ちを動かすには、どうすればよいだろう？　とか、別の視点からいろいろ考えることによって、どのように自分以外の人と接すればよいか、答えが見つかるはずです。

もし、いま、自分の人生が思うようにいかないと考えている人がいたら、それは最初から何かをきわめようとすることを諦めているからでしょう。そして私にとってそれは、考えることをやめるという、ホモ・サピエンスという種にとってもっとも致命的な過ちを犯すことと、ほとんど同義なのです。

8

宇宙138億年史を一望してわかる「美しさ」

宇宙が誕生した瞬間や、その後の宇宙の進化のプロセスを脳のなかでイメージできると言うと、自然を研究した経験のない人からは不思議な顔をされます。しかし、宇宙誕生の瞬間からその進化のプロセスが、それこそ現在にいたるまでそのときその瞬間のイメージを思い浮かべることができるのはほんとうです。

それは演劇の舞台にもたとえることができます。

宇宙誕生の1幕目に登場するのは、放射というエネルギーに満ちた空間です。放射が弱くなる2幕目に登場するのは電子であり、光子であり、核子（陽子、中性子。それらはクォークから構成される）、ニュートリノです。それは、宇宙誕生から10のマイナス43乗秒という、普通の人にとっては意味がないような時間で瞬時に起こる出来事ですが、ゼロではないという点が物理学にとっては重要です。その後、10のマイナス43乗～10のマイナス36乗秒の間に宇宙の膨張が始まり、10のマイナス36乗～10のマイナス32乗秒後には急速に拡大していく……といった流れで幕の背景が変化していくなかで、電子と陽電子がぶつかって消滅し、放射（光子）になるとか、放射（光子）から電子と陽電子が生まれるとかいったことを繰り返します。

このように最初はかぎられた役者たちによって展開されますが、やがてビッグバンにいたると、水素やヘリウムといった役者たちも登場します。厳密には光子や電子が変身した姿ですが、クォークなどはそれ以前に原子核の中に閉じ込められて、その後は一生姿を見せなくなります。

さらにそうした宇宙の歴史は、星や銀河の誕生、地球の誕生、生命の誕生、ヒト属の誕生や進化と呼ばれる幕が切って落とされます。生命やヒトの進化の間には絶滅が繰り返され、文明の誕生、そして産業革命……といった、さまざまなシーンを浮かび上がらせていきます。

私は宇宙の誕生と進化を統合的に考えていますので、それらの中のどのシーンにもスーッと焦点を合わせることができます。

全部が見えるというのは、その基本過程の因果関係から結果まで、１本の流れでスッキリととらえることができるということです。その光景はとても「美しい」（合理的と言うか、その背景をつらぬく法則性の表現の美しさ）ものです。

同じだけの知識を持ち合わせていない人に、この美しさを伝えるのは難しいのですが、「わかる」快感とはこういうことです。もし、何かの物事に対し、「美しい」と言えるほど気持ちの良いイメージで捉えることができないのであれば、それはその物事の本質を、まだよくわかっていないからかもしれません。

9

科学と「悟り」

我々が生きるこの世界を、宇宙138億年の時空で認識できるようになると、人生のあらゆることの見晴らしがよくなります。

もともと人間には、どうにもならないことも多くて、そのつらさを乗り越えるために思考停止状態をつくりだす必要がありました。その方法の1つが、宗教です。宗教は、見える世界以外を神という概念に置き換えて、考えないですむようにする、と考えることができます。その方が生きるうえでむやみに考える必要もなく、楽だからです。

一方、科学は、「見えない世界」を、さまざまな観察や実験、仮説の検証などを通じて、頭のなかに内部モデルを構築して認識していく作業を繰り返す学問です。たえず思考を更新していくことが本質です。とくに私は、自然科学だけでなく、人文科学や社会科学を含めて、いわゆる世界を統合的に内部モデル化していくので、頭のなかに描き出すこの世界のイメージも、そのぶんきめ細かく鮮明です。森羅万象のなかに「わかること」と「わからないこと」の境界がはっきりしているので、あまり物事に動じません。思考の座標が確立している、と言うとわかりやすいでしょうか。

この世界は、斉一説ではなく、天変地異など予期せぬ出来事によって激変しながらいまがあると思えば、わからない未来のことにクヨクヨしていることがばかばかしくなりますし、我々や生命の存在するこの宇宙がどうして生まれたかについてもはっきりした認識があるので、現在の世界のかたちにしても、それがどうしてそうなのかも悩む必要はありません。この宇宙の進化から個々の人の歴史にいたるまで、「実現の可能性が高かったことが実現した」としか言いようがありませんから、これも悩むには及びません。

色々なことを深く知るということは、どんなに掘り下げてもわからないものはわからないという、限界を知ることでもあります。限界を知るということは、一面において、とても気持ちを楽にしてくれるものです。

以前、宗教学者の山折哲雄《やまおりてつお》さんと対談して、その話をしたときに「そりゃ、悟りを開いているということですよ」と言われたことを思い出します。そんなものかもしれません。俯瞰的にモノが見えるということは、それだけ判断基準がはっきりし、しかもさまざまな角度から検討できるので、瞬間の判断はとても速いものになります。

胃がんを手術したとき「人生これで終わってもいい」とすぐに思えたのも、大切なのは未来ではなく、いまその時々の瞬間を精一杯生きることだと考えていたからです。意味があるのは時空における瞬間であり、その瞬間を精一杯生きてきたその瞬間の積み重ねが人生で、この瞬間に意識がなくなってもそれでいい――という境地になっていたからでした。あらゆることが「腑に落ちている」という意味で、たしかにそれは、宗教でいう「悟り」の境地に近いのでしょう。

第3章

仕事論

10

「ひらめき」は普段から考えている人にのみ訪れる

どんな仕事にも考えることは必要です。

なかには、ただひたすら無我の境地で単純作業をこなすという種類の仕事もあるかもしれません。

けれども、そういう仕事にだって、どうすればその単純作業を効率よく行なえばよいか、あるいは単純作業によって疲れた心身をいかに早く回復させるかなど、考える余地は少なからずあるでしょう。

アイデアが勝負の仕事なら、なおさら考える必要があります。

仕事でよいアイデアを思いつくにはどうしたらよいか。学生時代からずっと考え続けてきた私の結論は、とにかく考え続けること。単純なようですが、これに尽きます。

考えていなければ、ひらめくことはありません。それも四六時中、考えに考えていなければ、問題を突破できないのです。寝ているときも、考えています。最初からよいアイデアなんか出てきません。執着心と集中力。これが学者にとっては必須の条件です。

論文としては１９８６年に発表しましたが、「衝突脱ガス水蒸気大気」というまったく新しい「大気・海洋起源説」が生まれたときも、まさにそういう感じでした。

「大気・海洋起源説」とは、地球の大気と海洋がどのようにしてできたのかを解き明かす仮説で、私があるアイデアを思いつくまでは、アメリカのウィリアム・ルーベイという学者の「連続脱ガス説」が唯一のものでした。１９７０年代になって、希ガスの研究に基づいて、連続脱ガスではなく、初期の地球における破局的な脱ガスによって大気や海が生まれたという考え方が提案されました。

それ以前は、火山ガスが溜まって大気になったというルーベイの考え方が一般的でした。地球が生まれたときは冷たくて、内部がだんだんと温かくなり、火山活動によって供給されたガスが46億年溜まり続け、大気と海になったというわけです。

一方、私の説は、破局的な脱ガスの具体的な物理化学過程を提案したものです。基本的なプロセスは火山活動ではなく、天体の衝突です。天体衝突が地球の歴史を決めているという点がそれまでの説とはまったく異なります。

私がこのアイデアを思いついたきっかけは、カリフォルニア工科大学のアーレンスたちが行なった衝突実験の論文にあります。その結果をまとめた論文に、衝突脱ガスによって大気が生まれたかもしれない、という意味のことが書かれていました。

それでピンときたのです。

「衝突脱ガスで大気が生まれたのであれば、地球の初期の歴史がいままでとまったくちがったかたちになる！」

そう直感しました。それ以前から、地球の形成過程の数値シミュレーションを行なっていたからです。

アーレンスたちは具体的な地球の形成過程のことを考えて論文に記載したわけ

ではありません。ですが私にはその瞬間、「ああそうか」とひらめくものがありました。

脱ガスしてくるのは水蒸気や二酸化炭素ですから、これで地球の海の量が決まるのだろうと直感したのです。と言うのも、脱ガスした水蒸気大気は毛布のような効果を及ぼすから、衝突の熱を逃がさず、その保温効果で地球の表面はドロドロに溶けるだろう。ドロドロに溶ければ、溶けた地表（「マグマの海」）と水蒸気大気との間で、溶解平衡、つまり圧力による平衡が成り立つから、大気中にある水蒸気の量はマグマの海の段階で決まる。それが、海の量に等しいだろう……。そうした筋道が瞬間的に見えたのです。

あとはそれを、全部計算するだけでした。計算は当時私の研究室にいた大学院生と一緒に行ないました。もっとも重要なのは、衝突脱ガスで大気が生まれると、それが保温効果をもたらす結果、地球の初期の歴史が完全に書き換えられてしまうという点です。

四六時中、原始地球のことを考えていなかったら、アーレンスの論文を読んでもここまでの筋道はひらめかなかったでしょう。

四六時中考えているとは、仕事場を離れても常にその問題が頭のなかにこびりついて離れない状態でいるということ。このアイデアを思いついたのも、通勤途中の電車内で吊り革につかまっているときでした。

メモを取ることはほとんどありません。考えるべきことは、頭のなかに全部あります。頭のなかの知識は断片的で混沌とした霧のなかのようなものですが、解くべき問題自体はきちんと整理されているのです。問題が整理されていれば、メモなどなくとも、それを忘れることはありません。

そうやって、ひらめくアイデアを、あっちを考えてダメ、こっちを考えてダメと何度も検討しているうちに、「突然すべてが見える瞬間」というものを、そのとき経験したのです。

その瞬間の気持ちを一言で表すとすれば「快感」です。誰も思いつかないアイデアを思いついたとき、私は初めて本当の快感というものを知ったのです。研究者としての醍醐味と言ってもよいでしょう。そのために研究者を続けていられるのです。

11

「わかる」と「わからない」の境界を知る

私の仕事は科学分野の研究ですが、たとえそれがどんな仕事であれ、それでお金をもらっている以上、プロフェッショナルであるべきでしょう。ところが最近の日本には、真のプロフェッショナルと呼べる人が少なくなったように思います。

そう感じたのは、行政府などが設置する審議会に何度となく出席した経験からです。

通常、審議会は、さまざまな分野のプロフェッショナルから専門的な意見を聞く場です。ここで言う専門的な意見とは、当然のことながら客観的なデータに裏づけられた説得力のある話でなくてはなりません。しかし、いまや多くの審議会で、お世辞にも専門家とは呼べない人たちが、平気な顔で個人的な所見を述べ、それをあたかも普遍的な意見であるかのようによそおっているのです。しかもその主張の根拠が、ほとんどマスコミに流れている程度の情報に基づいている。マスコミが流しているのだから、根拠のあるデータなのだろうというわけです。

マスコミと言っても、かならずしも自らの取材に基づいて根拠のある主張をしているわけではありません。そうしたマスコミのなかから一部の意見を取り出して、それが根拠のある意見であるかのようにとらえる人たちは、複数の情報を比較検討する程度の作業すら怠っているのです。

こうした感覚の最大の問題点は、「私が知りうることには限界がある」「私の意見がまちがっている可能性もある」ことへの想像力に欠けているところでしょう。

先述した審議会のようなケースであれば、「あくまでも一部で言われていることですが」とか「私の知る限りでは」とかいった前置きをしたうえでその話題に触れるのが当然です。それをまるで、自ら考え出した正論のように述べるのは「驕《おご》り」以外の何ものでもありません。プロから見ればただの暴言、失言と受け止められ、とんだ恥をかくだけならまだしも、下手をすれば自分自身を窮地に陥れることだってあるでしょう。

そういう想像力を働かせようとしないこと自体、知性が足りない証拠なのです。

ソクラテスの「無知の知」とはまさにそのことを言っているのです。智者というのは、「わかること」と「わからないこと」の境界、すなわち自分がいかに無知かを知っている人のことを言うのです。

12 仕事の成功は「最初の波」に乗れるかどうかで決まる

私は、駒場から本郷に進学するときに地球物理学という分野があることを知り、「生命が棲《す》む惑星の物理学とは何だろう」と興味をもちました。広大な宇宙のなかで、なぜ地球だけが生命を育《はぐく》む星になったのか？　その因果関係を解明するのもまた地球物理学だろうと思ったのです。

ところがすぐに、そんな学問などないことがわかりました。ようするに、当時の東大の地球物理学教室とは地震学、気象学、測地学、地球電磁気学、海洋物理学という5つの講座の寄り合い所帯だったのです。

それでも永田《ながた》武《たけし》先生とか、竹内均《たけうちひとし》先生とか、名前を知っている先生がいらしたので、「まあいいか」ととりあえず地球物理学教室を選んだにすぎません。

そんなわけで、大学院に進学する段になって具体的な研究室の選択に困ってしまったのです。

ちょうどその頃アポロ計画が始まっていたこともあり、同計画で探査の対象だった月を地球に置き換えたらどうか、というアイデアが自分のなかに芽生え始めました。月の起源を探っていけば、地球の起源と進化にもつながっていくと考えたのです。それに月の科学だって、まだ誰もきちんとは研究していない段階でした。竹内研究室はもともと測地学や地球力学を担当する講座でしたが、相談にいくと竹内先生は「全然ちがう分野の研究をしてもいい」と言ってくださったので、その研究室に進んだのです。

こうして私は、地球を月に置き換え、天体の起源と進化に関する研究をスタートさせましたが、結果的にこのときの選択が、その後の人生を大きく左右することになりました。

いまも述べたように、月の科学はまだ世界の誰もやっていない、まっさらのフロンティアです。当時、竹内先生がテレビでアポロ計画を解説していたけれど、先生だってまだプロではありませんでした。ようは、まだ大学院に入りたての私と大して変わらぬ知識しかもち合わせていなかったのです。まったく新しい分野なのだから当然でしょう。しかも、新たに入ってくる情報を消化する能力は、若手の方が高いものです。競争相手が少ないのであっという間にこの分野の最先端に立つことができました。

もちろん運もあります。私が研究を始めたとき、たまたまアポロ計画が始まり、理論や数値計算の結果を検証しうるデータが集まり出しました。つまり、その研究テーマが研究として成り立つという時代背景が生まれつつあったのです。私の研究者人生が最初から時代の波長とピッタリ合い、その後も時代の進行に沿ってずっと波長が合い続け、今日にいたっています。

私はこのときの経験から、研究者としての人生を「サーフィン」にたとえています。一度波をつかんでその先端に立つと、その後はたいした努力をしなくともずっと先頭を維持できる。よく、時代の先頭を走るのはきついという人がいますが、それは実際に先頭を走ったことのない人がイメージで言っているだけか、本当は先頭を走ってなどいなかったのに、走っていたと勘ちがいしているだけなのではないでしょうか。

大切なのは、本当の意味で時代の先頭に立つことであり、それができれば、あとは勝手にその波が自分を連れていってくれる。別に努力が必要なことではないのです。

私はずっと自然科学畑を歩いてきたので、他の分野のことはくわしくありませんが、その後そのような印象は一般化できるのではないか、と何度となく思いました。たとえば『隠された十字架――法隆寺論』『水底の歌――柿本人麿論』（ともに新潮文庫）などを著した哲学者、梅原《うめはら》猛《たけし》さんのように、膨大な知識を蓄えつつも旧来の常識にはまったくとらわれない新しい視点をもった論客には、たとえ異分野であってもお目にかかるたびに共有し合えるものを感じます。

ただし、重要なことがあります。次の波に乗っても最初の波には永久に追いつけません。あくまでも、自分で波を起こして、その波に乗ることが条件です。

必要なのは、知の境界を――これは未知との境界でもありますが――最先端の位置から見ようという意識をもつことです。梅原さんのような一部の例外は別として、日本の学者、とくに人文系の学者の多くが世界的に一流になれないのは、知識としてはものすごい量をもっているにもかかわらず、人類の知の最先端を突き抜けるという意識に欠けているためではないかと思います。

13

「肩書」ではなく「固有名」で仕事をする

1980年代に放送されたNHK総合テレビのサイエンス番組「パノラマ太陽系」や「地球大紀行」に出演していたときは、一応東大の助手でしたが、その際も東大助手などという肩書はあまり使いませんでした。あくまで「松井孝典」という固有名だけで通していました。

そんな調子でマスコミに取りあげられ有名になり、政府の審議会に委員として出席したり、海外を飛び回ったりしていたわけですから、周囲の風当たりが強くなるのは仕方ないことでしょう。「助手の分際で審議会に出席している松井コーテンは、将来、地球物理の分野を牛耳るようになるんじゃないか」などと言われていたようです。もちろんやっかみで言っていることでしょうが、「あいつだけは絶対、東大教授にしてはいけない」と考えている教授たちが少なからずいたのも事実です。

しかし、私は肩書などに何の興味もありません。私の師である竹内均先生もそうでしたから、同じ系列の助教授たちから嫌がらせを受けたこともありません。

あいつだけは絶対昇進させないとか、仲間外れにしてやろうとか画策し合っているのは、すべて他の講座の人たちでした。

　そういう人たちは、役職で自分のことを定義しているのでしょう。私からみればそれは、固有名詞――自分は他の誰でもない、こういう特徴をもった人間だ、というもの――をもっていないのだと、自ら宣伝しているようなものです。

　もしいま、何かの肩書を得ようと努力している人がいたら、私はその人に、肩書に見合うだけの特別な能力をもっていますか？　と問いたいと思います。イエスと答えられるなら、もはや肩書にこだわる必要すらないし、逆にノーなら、肩書を得るよりもまず、誰にも負けないと自信をもって言えるだけの能力を磨くことが先決です。

　つまり、どちらにしたところで、仕事をしていくうえで本当に必要なのは、肩書よりも実力ということになるのです。

14

現代は「一流の仕事」ができる時代

超一流の仕事は超一流の科学者にしかできないのでしょうか。このことについては、時代も関係があると思います。

20世紀の初頭は、超一流だけでなく、ある程度の研究者でもそれなりに立派な仕事ができる時代でした。なぜなら、まったく新しい世界が切り拓かれたからです。問いを立てるというより、解くべき自明な問題が山のように現れました。それを解くのに多くの人が関わることができたのです。時代の最先端の波に乗っていれば、二流でも一流と同じ土俵で仕事ができました。

ところが20世紀半ばになると、超一流の人ですら、なかなか超一流の仕事ができなくなります。宇宙も極微の世界も、大きな枠組みがある程度できてしまったので、20世紀初頭のような、物理学の根幹に関わる新しい発見が少なくなったからです。理論に対する、実験技術の停滞というのもあります。

戦後しばらくすると、再び時代は動き始めます。加速器を使った実験が加速し、それとともに理論も発展し、極微の世界の解明が進みます。新しい技術の開発が停滞するような、時代が停滞している時期は、一流の人でも一流の仕事ができないことがあるのです。

しかし、その状況が動き始めるのが、20世紀の終わり頃でした。宇宙の分野です。１９９０年に地球大気圏外の望遠鏡として、初めてハッブル宇宙望遠鏡が打ち上げられ、これにより宇宙の観測の精度が格段に上がりました。さらに次々と新しい衛星が打ち上げられ、たとえば宇宙の背景放射の詳細な観測データが得られたり、それによってビッグバン理論やインフレーション理論を検証する観測的証拠が出そろうなど、時代が一気に動き始めます。

もちろん理論も発展します。重力に関する一般相対論と量子論が結びつき、量子重力理論の構築が進みました。超ひも理論が発展してＭ理論やループ量子重力理論などが提唱されています。それまでは、宇宙は１つだという考え方が当たり前でした。しかし宇宙論も極微の世界も、多宇宙、あるいは並行宇宙が当たり前のものとなりました。アインシュタインが１９１６年に、一般相対性理論に基づいて存在を予言した重力波は、２０１６年に観測されました。重力波は、巨大な質量が変化するときに強く発生する、時空のゆがみの伝播する現象のことです。これが観測されると、宇宙の背景放射の前、すなわちこの宇宙が誕生したその瞬間の情報が得られるかもしれないという期待があります。

そこには、インフレーション以前の宇宙の情報が入っているかもしれません。そうすると我々はいま、この宇宙にいてこの宇宙のことしか観測できていないけれど、もしかしたら、この宇宙以外の宇宙に関する情報も得られるようになるかもしれません。

理論的には宇宙が10の５００乗個あると推測されていますが、観測的にも多宇宙であることがわかるかもしれない時代に、いまの我々は生きているのです。

宇宙が１つしかないのであれば、「この宇宙に私や生命が存在しているのは必然か」という問いに、ほんとうの意味で答えることはできません。たとえ答えたとしても、あくまで思弁的な領域に留まるものです。

しかし、宇宙がどのような姿を取るのかという可能性が、10の500乗個あるとすれば、この宇宙がなぜこの宇宙なのかという問いが物理的にも意味をもつわけです。20世紀には、誰もこんなことは考えもしなかったのです。

宇宙論において、世界観を変えるような大発展があった背景には、さまざまな技術革新の成果があります。時代が大転換を起こすときは、一流の人がその能力をフルに生かせるのは当然ですが、そうではない人でも発展に貢献できる時代と言っていいでしょう。誰でも一流の仕事をできる可能性がグッと高まりました。文明発展は「見えない世界」の発展に拠っていますが、その観点から言えば、こうした相転換のような非連続的時代は、ただ科学の世界に留まらず、産業や教育、芸術など、あらゆる分野にも影響を与えることでしょう。つまりそれは、あらゆる分野で一流の仕事のできる可能性が高まっている時代だということです。

20世紀初頭のように、一流でない人でも一流の仕事ができるようになるかどうかはわかりません。けれどもいろんなところに現れてくる変化を見逃さず、柔軟に対応できるかどうかが、一流の仕事をするための鍵であることはまちがいないでしょう。量子力学に新しい解釈をもたらしたファインマン流に言えば、「禁止されていないことは何でも起こっているが、実現するのは可能性のもっとも高かったことだ」というのは、比喩でもなんでもなく、ほんとうにその通りなのです。

第4章

人づきあい論

15
話が通じないのは「内部モデル」がちがうから

私たちは、過去に蓄積した内部モデルを絶えず更新しながら、毎日を過ごしています。その瞬間の事象の蓄積が、宇宙では「時空」と表現されるものです。時空のなかでは時は流れません。古典物理学的には、「過去」も「未来」も幻想にすぎません。「過去」とか「未来」とか「時間は流れる」というのは、人間の記憶のなせるわざで、意識の産物なのです。「瞬間」という事象が凍結され、蓄積されていくのです。宇宙の時空のなかで、個々の人の凍結された瞬間の事象の断面をつなげたものが人生です。

人生とはなんぞや？　と質問されたら、私たちが脳のなかの内部モデルと呼んでいるものこそが人生の正体ですよ、と私は答えます。

それだけに、どのような情報、すなわち外界からのインプットを取り入れ――これが事象の認識ということですが――どのような情報を無視するか、という取捨選択の判断はきわめて重要です。自分の気に入った情報だけを受けつけ、それ以外は認めないという態度は、内部モデルの硬直化につながります。過去に処理した外界の情報がまちがっていたり、まちがっていなくても自分自身がまちがって認識していたことに気づいたりすれば、その情報は修正されることもあります。「この人とは、どうも話が通じないな」と感じたら、それは相手と自分との間で、脳のなかの内部モデルに大きな隔《へだ》たりがあるせいだと思ってまちがいありません。

外界の情報を処理するときに、柔軟な姿勢で臨んでいれば、「この人が言いたいのはこういうことかな」とか「もしかしたら、自分の方がまちがっているのかもしれない」とか、その場で修正も利くのですが、自分の内部モデルが絶対だと信じて疑わない人は、そういうことが簡単にはできないのです。これは、異なる宗教を信仰する原理主義者同士の会話が成立しないのと一緒です。

なかには、生きてきた経験だけに基づいて内部モデルをつくる人もいます。世間の常識や宗教、科学をまったく理解しようとせず、自分の判断だけで行動し、顰蹙《ひんしゅく》を買うのは、こういう人です。

そういう私自身、正直なところ科学者以外の人とはどこか会話が通じ合えないという感覚を常にもっています。つきつめて言えば、内部モデルが共有できないからです。

東大の教養課程に籍を置く学部生向けに授業を行なっていたときの経験で言えば、「何か質問はありますか？」と聞いても、手を挙げる学生はほとんどいませんでした。「わかる」とは何なのかが理解できていないのです。ルールに基づいて共有化された内部モデルをもっていないと、何がわかっていて、何がわかっていないのかさえ判断できないので、核心をついた質問はできません。

学校教育というのは本来、「わかった」ことについて勉強することですが、最近の教育は「わかる」ではなく「納得する」ことを教えているように思います。「わかる」とは、ルールに基づいて共有化された内部モデルのことです。彼らと私の内部モデルの決定的なちがいを言えば、根源的な問いを突き詰めず、適当にわかった気になっている、すなわち「納得している」ところです。

入試問題を作成し、その採点をした経験でおどろいたことがあります。東大の物理の試験は問題文が長いので、ちゃんと読むとそれだけで時間がかかります。ところが採点をしてみると、皆とても成績がよいのです。ところが入学した学生が物理をわかっているかというと、大部分の学生はわかっていません。予備校で入試問題をどう解くかというテクニックを教え込まれ、それだけで解いているからです。問題文を読み、問われていることを理解して解くというより、「こういうパターンの問いはこう答えよ」というマニュアルを詰め込まれているように思います。

ということで「わかる」ということの内部モデルが共有されていないので、質問すら出てこないのです。

内部モデルが共有化されている科学者同士は、わかっていることだけでなく、何がわかっていないのかも互いにわかったうえで会話をしているのです。そういうことがわからない学生が大学院に進学し、博士論文のテーマについて、生命の起源について研究したいなどと言いますが、実際は生命の起源ほど難しい問題はありません。

さすがにそういう学生には、「わかる」とは何なのか、「わかる」ことと「わからない」ことの境界がどこにあるのかを説明し、ルール、つまり二元論と要素還元主義に基づいて外界を内部モデルに投影するのが科学であり、研究者を目指すならそれをきわめないと先へ進めなくなると諭《さと》します。

相手の理解度がどの程度かを会話のなかから想像し、話し方を変えていかないと会話が成立しません。結局、そういう想像が働くかどうかも、内部モデルを柔軟に更新したり、修正したりする能力にかかっているわけです。

16

家族について

前にも述べましたが、私は52歳のとき、胃がんにかかりました。しかし、そのときの私は、たとえいま死んだとしてもまったく悔いはないという心境でした。

別に強がっているわけではありません。私はそれまでもいまも、毎日悔いなく生きてきました。だから、いつ死んでも構わないと、本当にそう思っていたのです。

入院中、担当の医師に「睡眠薬を処方しますか？」と言われても、意味がわかりませんでした。手術の前は皆不安になるから眠れないのが普通なのだと手術後に聞かされて、意味がやっとわかりました。私にはそんな不安がまったくなくて、疲れがとれむしろ普段よりグッスリ眠れたほどです。

そこで逆に、自分がいかに毎日悔いのない生活を送っていたかに気づかされたくらいですが、ただ、1つだけ心残りなことがありました。それが、家族です。

研究者としての人生は、たとえ私がいま死んでも、論文の形で残っているし、育てた研究者がいますから、あとはその人たちに託せばいい。いろいろ面白いと思えることを始めたばかりのときは、それが中途で終わることを心残りに思うこともあるかもしれません。でも、元々私は人生50年と思って生きてきましたから、そこは天命だと思って諦めることができるでしょう。

しかし、家族のことは別です。人生と言っても、「個人としての人生」と「家族としての人生」の2つがあると、分けて考えてきました。研究者としての人生は個人だけれど、家族という単位で考えたら、彼らの将来や生活にも責任をもたなければなりません。具体的には、私が万が一死んだ場合のことを考え、残された家族のために予《あらかじ》め保険に入っておくとか、子どもの教育や住まいなどを手当してておくとかはしてありました。心配をかけないように両親には入院していることさえ隠しておき、退院後に知らせるといった配慮もしました。

結婚したばかりの若い頃には、そんなことまったく考えもしませんでした。たしかに、独り身でいる方が、好きな場所で好きな研究に打ち込むチャンスも多かったかもしれません。でも、子どもが小学生の頃にドイツの研究機関から所長として誘われた時には、子どもの将来や生活環境を考えて日本に留まることを選択しました。そう言うと、いかにも家族のために自分の人生を犠牲にしたように聞こえるかもしれませんが、結局は私自身に閉じた個人の人生と、家族との人生と、その両者を両立させる方策があるだろうと楽観的に考えただけです。そしてそれが、かならずしも自分の人生を犠牲にするわけではないとも思いました。2つの人生を精一杯生きることは、それぞれに楽しいことです。

妻が肝臓がんで入院したときにそれをはっきりと理解することになります。ひと月半ちかく、日常のすべてを自分1人でやるというのは結婚後初めての体験でした。万が一、妻が死ぬようなことがあれば、私はこういうことをずっと1人でやっていかなくてはならない。私は日常生活の重要性を改めて意識しました。私が個人の人生として、家族と切り離して自由にものを考えることができたのも家族がいたおかげ。日常生活のことをしてもらうというだけでなく、精神的な安定という意味でも、やはり家族がいるという日常は、とても重要だと思います。

「家族がいたことで、自由がなかった」と考える人は、自らの人生を振り返って、独り身だった場合や、家族を捨てて1人で暮らすようになった場合と、実際に過ごしてきた人生とをじっくり比較してみるといいかもしれません。私自身が、結婚してもそれなりにやりたいことに人生をささげられたという思いがあるからかもしれませんが、たとえそのことを抜きにしても、大抵の自由は、家族によって阻害されるものではないと思います。自分の意欲が中途半端だったり、考える努力を怠ったりしたことを、家族のせいにするべきではないでしょう。

第5章

健康論

17

「現役」をやめると早く歳をとる

私はいま72歳ですが、知的活動も肉体も、老いを感じることはそれほどありません。むしろ東大をあと1、2年で退官するというときの方が、心も体も元気がありませんでした。

これはある意味でとても興味深いことです。定年を迎えたら、どこかの私立大学で教えるだけの教授になって、あとはいままでの仕事を整理していくとか、著作活動を続けるとかしながら、余生を送っていくのかなと思っていました。そう思うと、現役生活の最後の頃は、研究活動に向かう活力がなくなっていくのを実感しました。

ようするに、大学の定年を迎えたら、いまやっている研究を今後さらに展開していくことなど、まったく考えられないわけです。やろうにも、そういう場が奪われてしまうのですから当然でしょう。

しかし幸運にも、東大を定年と同時に千葉工業大学から声がかかり、自由に研究を続ける身分が保証されました。しかも私の研究所をつくってよいというのです。そこで「惑星探査研究センター」を立ち上げることにしました。工業大学なので、理学と工学にまたがる分野の研究がいいと考えたからです。地球の枠を超え、宇宙のスケールで「生命の起源と進化」の解明に焦点を当てることを理学としての目的としています。探査はその手段で、それは工学に深く関わります。工業大学の研究センターとして適した分野だと考えたのです。と言っても研究分野はあまり特定しなくてもよく、私が興味を覚えるものなら何でも研究していいことになっています。とは言えもちろん研究業績を上げる必要はありますから、論文を毎年1本はかならず「ネイチャー」か「サイエンス」クラスの学術誌に出すということだけは決めています。

本当にたまたまですが、もしそういう話がもちかけられていなければ、いまの私の元気さはなかったことでしょう。そうした経験から私は、やはり早く老いるかどうかの境目は、現役を続けているかどうかにあると確信しました。毎日、ワクワクしたり好奇心を働かせたりしていることで、脳が常に活性化しているのだと思います。

学問は、運動とは無縁と考えている人もいるかもしれませんが、そうではありません。集中して何かを考えるにしても、執着心をもち続けるにしても、資料をじっくり読み込むにしても、あるいは世界各地の地質や遺跡を調査するにしても、体力は欠かせません。体力がなければ、少なくとも私が手がけている学問はとてもこなせないのです。

だから、研究を行なっている以外の時間（いつでも考えているという意味では、ほとんどの時間がそうですが）で、なるべく運動するように心がけています。

スポーツとしてはテニスをすることが多いです。土日が空いていれば、かならずテニスクラブに通い、3時間くらいは壁打ちも含めずっと打ち続けます。練習のほかに、シングルスの試合もするので、それだけの時間になるのです。クラブの仲間からは「松井さんはタフですね。休みなしに打っているんだから」とよく言われますが、私のテニスは身体を鍛えるのが一番の目的なので、やるとなると時間がもったいないから、そういうペース配分になるのです。

ここのところ忙しくて、月に1、2回しかテニスができない、などという時期があると、入浴時に鏡に映った自分の姿にゾッとすることがあります。自分の身体や脚の筋肉が、目に見えて細くなっているのがわかるからです。意識的に鍛えないとみるみるうちに衰えていくという意味では、やっぱり本当は老い始めているのかもしれません。

そんなときは、外出した際、目的地の駅の1つか2つ手前で降りて、長めに歩くようにしています。でも、歩くのと走るのとでは違いますから、それだけでは不十分とも感じています。

18
過去をふりかえる暇があれば新しいチャレンジを

若い頃と比べると、問題を解くためのアイデアが瞬時にひらめくことは少なくなりました。もともと、数学的な思考の道筋を理解することと、瞬発力には、相通じるものがあると思います。それが、年齢を重ねることで、時間がかかるのは事実です。

昔覚えたはずのことをすらすらと言えなくなったり、最近の記憶が曖昧になったりすることも、年齢と関係があるのでしょう。そういうところは、確実に変化していますし、仕方がないこととは思います。

ただ、それですべてが困るわけでもありません。

数学でも、俯瞰するという意味で、現代数学がどういう地平にあるのかという理解は、いまの方が深まっています。ようするにそれは、若い頃と同じように勉強をしているからです。そのため、局所的に見れば計算能力などは確実に落ちていますが、いままでなら出なかったアイデアを思いついたり、それを具体化したりする可能性も以前より高くなっています。

本を読んだり勉強したりする時間が取れるようになったのは、まちがいなく歳を取ったことで得られるメリットでしょう。東大時代は自分のアイデアのオリジナリティを重視するため、本はあまり読みませんでした。しかし、その時期を取り戻すように、いまは猛然と読んでいます。いまの私の研究とは重ならない本もたくさん含まれていますが、それがかえって新たな発見やひらめきにつながることも多いのです。

歳をとったと嘆いている人は、そうした時間の有効利用に気づかず時間をもて余しているか、若い頃より無理が利かないと勝手に思い込んで、無為な時間をすごしているのかもしれません。それでは、どんどん老け込むのも無理はないでしょう。

時間が取れるようになったことに加え、私の研究所をつくってもらったことも、年齢を重ねたことで得たメリットと言えるかもしれません。東大時代よりも共同研究者や研究費が増えて、それを新しいチャレンジに活用することができます。

数値計算や野外調査に加えて、惑星探査、しかも国のプロジェクトではやれないまったく新しいタイプの惑星探査にこの歳で関われるのは、幸せなことです。

とは言え、そういう新しいチャレンジを自分よりはるかに若い人たちと一緒になってやるには、それだけの力を自分がもっていなくてはなりません。体力が必要なのももちろんですが、それ以上に必要なのは、執着心と集中力です。結局、仕事であれ勉強であれ、必要なのはこの3つにつきます。その前提に「好きであること」があるのは当然です。私は自分の日々の活動を「仕事」と思ったことは一度もなく、休暇をとったこともありません。趣味のようなもので、それが愉《たの》しいからです。

執着心と集中力が足りない人は、おそらく対象とすることへの好奇心が弱いのでしょう。好奇心をもてるものが周りにないから、新しいチャレンジをしなくなる。新しいチャレンジをしないから、知力や体力を維持しようという努力をする気にもならないし、外の世界に出ることもない。その悪循環にはまった人から先に、年老いていくのではないでしょうか。

私はいつでも新しいことにチャレンジしていますから、過去を振り返る余裕がありません。

いまは、研究以外のさまざまな分野の勉強をする時間があるので、それが研究の幅や深みという点でもよい影響を与えていると思います。若い頃はひたすら純粋に研究のことを考えて、それはそれで若い頃には絶対必要なことでしたが、どちらが研究者として充実しているかと言えば、もしかしたらいまの方かもしれません。

第6章

教養論

19

なぜ「知」はルネッサンスまで進歩しなかったのか

この本で私が述べていることの多くが、「地球」という閉じた世界で見れば非常識なことかもしれません。しかし、それは当然で、宇宙的な枠組みでものを見ることができるようになった現在、地球の枠組みだけで物事を判断することは、じつは停滞を意味します。

エネルギーまで含めて考えれば、地球は開放系というシステムです。しかし物質的な観点としてみると、基本的に地球は「閉じて」います。そして、安定な閉じたシステムの特徴は停滞にあります。ゼロサムということです。そしていま、多くの人は地球文明に関し、停滞こそ未来の姿であるという考えにとらわれています。それが常識と言ってもいいでしょう。しかしこれは古い常識です。

ようするに、世界中が古い常識にとらわれているのです。これでは進歩や発展はありません。

このことを言い換えれば、ある常識と言われている解釈が、別のものに変わることによって世の中も変わっていくわけで、それを我々人類は「進歩」と呼んできたのです。

我々の文明においては、物質的な意味での豊かさが永久に右肩上がりを続けることは不可能ですが、知的な意味での進歩には限界がないと私は考えています。

もし、そういう意味での進歩をはばむものがあるとすれば、「経験論」とか「帰納主義」とか「歴史主義」と呼ばれる伝統的な教養のあり方でしょう。

いずれも基本的には斉一説で、「現在は過去の鏡。過去を見れば未来がわかる」という発想です。未来と過去を同じ次元でとらえているわけですから、結果としていまの常識が延々と続いていってしまうのです。

ギリシア時代からルネッサンス時代にかけて、ほとんど知識が進歩しなかった要因もここにあります。

科学の基礎が生まれたという意味でのルネッサンス運動が起こったのは、私見ですが、「新大陸」の発見が大きかったように思います。何しろ新大陸の発見は、ギリシアの古典に書かれていない大陸が現に存在していることを示しているのですから。そのことを通じて、「古典に書かれていない知識」の存在が自明となったのです。それ以前は、極論すれば文献を読むだけで学問が事足り、そこに書かれていることだけを信じていればよかったのです。

おまけに、アリストテレスの主張とキリスト教が結びついてスコラ哲学のような学問スタイルが11世紀以降に生まれ、それが権威になりました。学問と宗教とが結びついたのですから、これ以上の権威はないわけです。

「権威」とは、「常識」の別名にほかなりません。これで長らく、ヨーロッパを主導的立場とする知の体系は、常識を超えることができなくなってしまいました。

では、どうやってその権威（常識）を超えればいいか。それが古典（常識）に書かれていないことを発見し、それを事実として受け止めるということです。コロンブスが新大陸を発見したとき、古典（権威）が否定されました。それこそが「進歩」なのです。

ちなみに私が「見えない世界」をさかんに強調するのも、大航海時代を実現させた要因に、「磁力」の解明があるからです。航海術の進歩につながった「方位」「方角」といった概念は、「地球が1つの巨大な磁石である」という、目には見えないけれど事実ではある事象をはっきりと認識したことで生まれました。

そこに必要なのは、地球が1つの巨大な磁石であると考える豊かな想像力であり、その想像力こそが、進歩を可能にする一番の原動力なのです。

ただし、常識などまったく無用と言っているわけではありません。とくに自然科学は、人類が過去に蓄積してきた知識を、それが正しい限りにおいて踏まえ、その上に新しい事実なり解釈なりを積み上げていく学問です。そうでなければ、いわゆるトンデモ科学になってしまいます。科学の基本は一通りマスターしなければならないのです。

けれども、その先は柔軟に考えていかなければなりません。問題は、基本をマスターする段階で起きがちな思考の硬直化（科学の常識を100パーセント受け入れてしまい、懐疑の精神を失うこと）です。大学院生や若手研究者の多くが、基本をマスターする段階で、そういう問題にぶつかるのです。その壁を乗り越えられるかどうかが、学者として、一流と二流とを分ける分岐点でしょう。

20

一瞬の油断で「運」はすり抜ける

常識を打ち破る想像力が進歩の源泉だと述べましたが、私にも常識を打ち破れず、悔しい思いをした経験が1度だけあります。

それは、6550万年前の恐竜の絶滅の原因を予見できなかったことです。

実際にそれを発見したのは、アメリカの物理学者でノーベル賞も受賞しているルイス・ウォルター・アルヴァレズと、その息子で地質学者のウォルター・アルヴァレズです。

彼らは1980年、白亜紀と第三紀の境界（K－Pg境界）に位置する粘土層から極めて高い濃度のイリジウムを検出し、その結果、「6550万年前に起きた天体衝突が恐竜の絶滅の主な原因である」と発表しました。イリジウムは、コンドライト隕石には普通に含まれる物質ですが、地球の表面においては極めて少量しか存在しません。コアができるときに鉄と一緒に沈んでしまうからです。濃集したイリジウムが地表に存在するのは、小惑星が地球に衝突したためで、それが白亜紀～第三紀における恐竜大量絶滅の原因となったと主張しました。その後、世界各地で同時代の地層においてイリジウムの濃集が発見されました。

彼らが1980年に発表した論文は、私にとってほんとうに衝撃的でした。それ以前から私は、「天体衝突が地球の歴史を決めている」という研究を発表して、生命史もそうだろうと予測はしていたのです。だったら、恐竜の絶滅という、生命史上きわめて具体的な問題について調べてみようと考えても不思議ではなかった。そうすれば、彼らより先に生命史のパラダイムを変える大発見ができたかもしれないのです。

その頃の私は忙しさにかまけて、地質調査を計画する余裕がなかったのです。しかしいま考えれば、たとえ忙しくても、そのことを頭の片隅で考え続け、少しでも具体的にどうすれば検証できるかを考えていれば、チャンスはいくらでもあったろうと思います。そのときの私の頭のなかが柔軟でなかったという反省しかありません。

その経験があったので、私は自分の興味と関心に限界を設定せず、考えるべきことは徹底的に考えるようになりました。苦い経験も、ときにはその後の生き方に大きな転機をもたらすということでしょう。

21

「見えている世界」に縛られないためには

進歩をはばむ斉一説から逃れるにはどうしたらよいか？

私は、我々の世界を論理（数学）的に分析することが重要だと考えます。

この問題を考えるにあたって、ぜひ一読をおすすめしたいのが、イギリスの教育者エドウィン・アボット・アボットが1884年に発表した小説『フラットランド』（邦訳は講談社ほか刊）です。空間の次元をテーマに、その性質をストーリー仕立てで解き明かした古典的名著です。「経験する世界」の呪縛を逃れることがいかにむずかしいかが、本作を読むとよくわかります。

この小説ではフラットランド、つまり2次元の世界を、そこに住む人々を直線や三角形などの1次元の姿として表現しています。そうした2次元世界の住人に、3次元の世界とはどのようなものか、どうすれば説明できるでしょう？

平面に生きていることを前提に思考していると、立体の世界が理解できないことが鮮やかに描かれています。逆に、3次元に住んでいる人からすれば、2次元は次元が1つ少ないから簡単に理解できます。線か点でしか物の形を識別できない世界ということで、これは多少想像力を必要とします。とくにその動きをどう判別するかは難しいと思います。

こういう物語を読むと、我々自身、いかに3次元という空間のなかの経験に縛られているかがわかります。3次元のなかの経験が脳のなかに内部モデルとして組み込まれているから、他の次元の世界のことが想像できないのです。

そうした概念に対する我々の限界を乗り越えることができるのが、すなわち数学です。たとえば、平らな空間に関してはユークリッド幾何学が、ゆがんだ空間に関してはリーマン幾何学が考えられています。三角形の内角の和が180度ではなく、180度よりも大きくなったり小さくなったりする空間も議論することができます。数学という論理の世界に生きる人たちにとっては、その空間が経験とは異なるものであっても、ある意味、感覚的に把握できるのです。

これは1つの例ですが、同様のことは、さまざまな局面で考えられるでしょう。繰り返しになりますが、経験＝見える世界だけに縛られ、進歩をこばむ生き方から我々人類が脱却するには、好むと好まざるとにかかわらず、論理・推論・演繹（数学）的思考を身につけることが絶対条件と言ってもいいでしょう。

ただし、数学的思考にすぐれた人のなかには、経験の世界でのコミュニケーションに問題のある人が多いのも事実です。天才と呼べるだけの業績を残す人のなかにも多く存在します。イギリス生まれの理論物理学者で、１９３３年にノーベル物理学賞を受賞したポール・ディラック（１９０２～１９８４）をはじめ、天才的な物理学者や数学者の多くが、高機能自閉症やサヴァン症候群など何らかの精神障害を抱えていたという事実は象徴的なことと言わねばなりません。

22

実際に行動して「俯瞰する視点」を養う

いまという時代は、どんな時代なのだろう？

そういう疑問をもちながら、私が世の中を眺めた最初の記憶は、子どもの頃にさかのぼります。

終戦の翌年に生まれた私の幼年期は、非常に変化の激しい時代でした。テレビはまだ各家庭にまでは普及しておらず、当時白黒だったテレビをもっていた友だちの家まで行って見せてもらう。電話も外へ借りに行く。そんな時代です。

それが、あっという間に、それこそ20年も経たないうちに、がらりと変わっていくわけです。

人間の歴史というのは、いつもこんな調子なんだろうか？　そうだとしたら、歴史について考える必要なんてないんじゃないか。ごく短い期間のうちに最初の混沌とした状態から、いまのような状態まで一足飛びに変化してしまうのではないだろうか。そんな疑問が、現代とはどういう時代かと考える、最初のきっかけでした。

育った田舎の風景やライフスタイルは、基本的に戦前までと変わらず、明治以来ほとんど変化のない時代だったらしいことが想像できたのです。戦後のこの時代とはどうも特殊な時代らしい。毎年のようにあらゆるものごとが変化していく。停滞とは逆で、階段状に、次々と次の段階へ発展する。私たちが生きているのは、ちょうどその階段をパッと上がっている時代なのだ。歴史とは「停滞の時代」と「発展の時代」とを繰り返すものなのではないか――。そう自分なりに結論づけてみたのです。

私が生まれたのは母の実家のある静岡県森町というところですが、そこには農家も多く、畑にはまだ肥溜《こえだ》めがありました。肥溜めに落ちた経験もあります。その後父のいた東京に戻りましたが、当時の家のトイレは汲《く》み取り式でしたし、そういう生活スタイルはほとんど江戸時代と変わりません。一方で、テレビが普及し始め、電話線が個人宅に敷かれ……という変化も同時に目のあたりにするわけです。

もちろん、当時の私はいまのように世界を俯瞰的に見ていたわけではありません。ですが、時代を俯瞰するという意味ではその頃に原点があると言えなくもありません。そういう記憶が残っていたから、学生時代に日本を飛び出して、世界というスケールでものを見たくなったのかもしれません。その後、宇宙や地球の誕生・進化に関する研究に携わるといった経験もそこに積み重なって、俯瞰的な視点を手に入れたということなのだと思います。

大学の仲間と自動車でユーラシア大陸を横断したのは、いまでもよい思い出です。

その頃、家庭教師として教えに行っていた家のお父さんが、富士重工の副社長をしていました。家庭教師の後、よくお酒などをご馳走になることがあったので、当時、理学部の仲間と計画していたユーラシア大陸自動車旅行の話をしました。その旅行に車を提供してもらえないか聞いてみると、思いかけず快諾してくれたのです。あの頃は若き指揮者の小澤征爾《おざわせいじ》さんがスクーターでヨーロッパを回る話だとか、そういう実録本が流行っていましたから、その影響でこのような計画を立てたのかもしれません。

車は富士重工からスバルレオーネを2台借りることになり、輸送費も負担してもらい、整備の特訓も東京の三鷹にある富士重工の整備工場で受けて……というように、計画はとんとん拍子に進んでいきました。灼熱の砂漠を走り、車の性能をテストするというのが車を提供してもらう公式の理由でした。

ただ、具体的な計画の段階では波乱の連続で、旧ソ連を車で走破するという当初の計画は、申請手続きがあまりにも煩雑で無理ということがわかり、ヨーロッパからアジアハイウェイを走ってネパールのカトマンズにいたる行程へと、予定を変えました。

「東大理学部自動車同好会」を設立し、その遠征ということにしたので、遠征理由を明確にする必要があり、ヨーロッパの大学を訪問し、当時日本では大学紛争が頻発していたので大学の自治とか、そのちがいを調べるなどと適当な理由を考えたりしました。富士重工には、「真夏の砂漠を走って車の耐久性を調べる」という理由で貸与を受けていたのですから、いま考えれば、計画としてはいい加減なものです。

出発後も、いろいろなことを経験しました。イタリアでは車の中の荷物を盗まれたり、ギリシアの山道では一台が事故に遭い、車の前部がつぶれたり、トルコのアジア側では羊飼いに襲われたり……。いったん日本を出たら、自分の身は自分で守らなければならないことに新鮮な驚きを感じたものです。

とくに大きかったのは、「国家」に対する意識が変わったことです。パスポートを受領して、その最初のページに書いてある「日本国民である本旅券の所持人を通路故障なく旅行させ、かつ、同人に必要な保護扶助を与えられるよう、関係の諸官に要請する」という一文に接した時は、衝撃が走りました。実際に旅を続けるなかでの経験も含めて、国家や日本に対する思いが大きく変わったのです。

大学時代の私は、権力に対して生理的な嫌悪感のようなものを抱いており、当時の全共闘の主張にシンパシーを感じていました。無政府主義的な考えと言っていいかもしれません。権力や国家というものを観念的にとらえていたのです。ところが先のパスポートの一文にあるとおり、海外での私は日本という国家に身分を保証され、保護されているのだと気づいたわけです。この現実を受け入れざるをえませんでした。

いままで自分のなかで観念としてもっていた知識が、180度転換するような体験もしました。宗教や食べ物をはじめ、現地でその風土と歴史と文化を体験して以来、書物を鵜呑みにするのではなく、できるだけ現実を体験したうえでものごとを考えるようになりました。

いままで知らなかった現実を知ることは、これもまた「見えない世界」が見えることで、ものごとをとらえるスケールが広がることを意味します。

誰でも最初から俯瞰的に世界が見えているわけではありません。そうやって、だんだんと視野を広げる努力を、実際の行動というかたちで行なっていかないかぎり、見えてこないものがたくさんあるということです。

23

英語以前に「日本語で伝えるべき内容」をもつ

半年かけてユーラシア大陸を横断する自動車旅行の経験から、私は語学の重要性を痛感しました。大学で選択した第二外国語がロシア語で第三外国語がドイツ語だったのですが、それらが旧ソ連でもドイツでも通じたとき、私は新鮮な気持ちを味わうと同時に、世界で仕事をするためには、話す内容をもたねばならないことを痛感しました。

だからこそ、現在の日本の英語教育には疑問を感じます。英語教育をすれば、グローバルな人材を育てられるとの考えのようですが、問題なのは、その中身です。外国人と日常会話がスムーズにこなせるスキルを身につけるのを目的とするあまり、どんな内容の話を伝えるのかが軽視されているように思えてならないのです。

こんなバカげた話はありません。そもそも自己主張をほとんどしない、内容のない人の話など誰も聞く耳をもちません。日本語の会話でもそうでしょう。日本人が、どんなに英語を話せるように努力したところで意味がありません。

私もアメリカに行けば英語を使います。しかし、日本語と同じように使えるかというと、そんなことは絶対にありえません。せいぜい、日本語で表現する水準の30パーセント程度の内容でしゃべっているといったところでしょう。あるいはもっと低くて、10パーセントくらいかもしれません。

それでも、伝えたい内容があれば、どんなに下手な英語でも、相手は一生懸命聞こうとします。わからなければ、その方が困るからです。たとえこちらが30パーセントしかしゃべれなくても、「この人の主張は聞くに値する」と相手が思えば、30パーセントの表現でも100パーセントの情報を読み取ろうとするのです。

もちろんそれは、しゃべっているこちらに、100パーセントに相当する内容があれば、という前提のうえでです。ところが、日本人のほとんどは、あるいは日本の英語教育のほとんどが、伝える内容よりも、外国語を上手く操る単純なスキルにしか関心がありません。それでは誰も、耳を傾けてはくれないのにです。

そもそもアメリカでの英語教育、日本で言えば国語教育ですが、重要な点は論理的思考を発展させることと、その表現にあります。英語教育というより国語教育を改めるべきなのです。

元来、日本人が外国のさまざまな教養を身につけることを可能にしてきたのは、日本語に翻訳された文献を数多く手に入れることができたからです。島国である日本人はもともと、日本語中心でモノを考えています。それをグローバリズムの視点から批判する知識人や教育者が一部にいますが、私は逆に、そのことをメリットと考えています。どんな海外の教養も、日本語に置き換えるのが日本人の特性であり、それゆえに思考対象の内容を深いところまで吟味し、考察することができたのです。日本人が数多くのノーベル賞を受賞してきたのは、日本語でモノを考え続けてきたことと、決して無関係ではないはずです。

経済活動であれば、英語を強化するのもいいでしょう。世界を相手に商売しているのですから。

ただし、日本語を大事にしながら戦略としてそういうことをやっていくなら意味があるけれども、日本語を英語の下に置くような扱い方をするのはナンセンスです。文明の誕生には共同幻想が形成されることが条件で、それには言語という共通のルールが必要です。その言語が危うくなったら、日本人のアイデンティティとしての共同幻想は壊れてしまう。すなわち文明（人間圏）の構成要素としてのユニットが壊れてしまうわけです。いくら経済活動でも、自分の考えを言葉できっちりと伝えることができなければ、うまくいくはずがありません。

だからほんとうは、英語教育ではなく、国語教育の問題なのです。英語を学ぶ前に、自分の考えを育て、それを母国語で論理的にきっちり伝えることを学校では優先的に教えるべきです。考えたり、その内容を伝えたりすることがなければ、言葉をしゃべる意味などありません。それはただ、動物がシグナルを交換し合うのと大差はないのです。

24
インターネットは歴史に逆行している

宇宙、地球、生命の歴史を解読してわかったのは、それらの歴史に共通している点として、「分化」する方向に進んでいるということです。

しかし、そのような長い歴史のなかで、いま文明においては、その流れに逆行する動きがあります。それが、ＩＴを基盤とする情報ネットワークの発展です。

「分化」について説明しましょう。

宇宙は初め、ビッグバンという、放射に満たされた状態でした。「放射」というのはエネルギーと言い換えてもいいでしょう。すべての物質が究極の構成粒子にまで分解されるような高温状態で、しかも粒子と反粒子が対《つい》になって生まれ、対になって消滅し、エネルギーに変わるような状態です。それは混沌と無秩序に支配された均質の世界です。それが宇宙の膨張による冷却という段階をへて、そこから核子を構成するクォークや、電子、ニュートリノなどが生まれます。陽子、中性子などの核子が生まれ、原子核がつくられ、原子核と電子が結合して原子が生まれ、その原子から分子が生まれ、分子がさらに連なって高分子が生まれてきます。これは物質の分化と言っていいでしょう。高分子の際たるものが、我々のような生命です。

地球も、生まれたばかりの頃は熱い火の玉でドロドロに溶けていました。それが冷えて現在の状態となります。地球が冷える過程で、水蒸気大気から海が生まれ、残ったガスは大気となり、マグマの海から地殻とマントルが生まれ、鉄ニッケル合金が沈んでコアが生まれるなど、異なる物質圏に分かれました。これも分化と呼ばれます。

生命も、もとは1個の原始的な単細胞でした。それが何十億年もかけて、多くの真核細胞からなる多様な生命に進化してきました。この過程も分化と呼ばれます。

このように宇宙、地球、生命の歴史は、すべて均質な状態から、さまざまに異質なものが生まれてくる過程と言えます。これがつまり、歴史は分化の方向に発展するということです。

では、現代の文明はどうでしょう。歴史とは分化であるという考え方を当てはめるなら、文明の発展の過程も、分化の方向に向かっているはずです。事実、これまで人間圏は、国家や地域共同体などさまざまな階層の共同体を構成要素とするシステムとして分化の方向をたどってきました。

しかし、そこに登場してきたのがインターネットです。インターネット社会の構成要素は、従来のような共同体ではなく個人です。人間圏というシステムの、これ以上分けることのできない構成要素の最小単位が1人ひとりの人間、すなわち個人と考えれば、その個人からなる人間圏とは、宇宙で言えばビッグバンと同じ状態を意味します。ビッグバンのときは均質なガスの状態ですから、現在の文明をシステム論的に分析すると、ビッグバン状態にある均質の文明ということになります（厳密に言えば異なります。ビッグバンのときはものすごい重力下での均質状態です。単なる熱力学的な意味での均質とはちがい、じつはエントロピーは低く、そこから宇宙全体としてはエントロピーの増加する方向に進化していきます）。

熱力学的な意味での均質な状態というのは混沌と無秩序です。構成粒子が生まれては消えることが繰り返されるばかりで、何の構造も秩序もありません。とは言え、それが無条件によくないと言っているわけではありません。既存の秩序が壊れ、新しい秩序が生まれるという意味では必要です。相変化の起こる前の状態と言っていいでしょう。ただ、歴史の流れからすれば、分化が自然な方向性ですから、均質化した状態のネットワーク社会をこれからどのように分化させていくかが重要な問題となっていきます。

そもそも、人間圏の分化には、情報を生成するという面があり、各地域の風土に応じた文化も、社会構造をはじめとするさまざまな秩序なども、すべて情報です。その生成と消滅の過程が文明の歴史と考えれば、いままた新たに、混沌とした均質状態から分化への道をたどろうとしているはずなのです。

文明を構成するネットワークは成長を続けています。そのネットワークが最終的に意味を持つとすれば、それは新たなユニットに基づくシステムで安定したもの、すなわち秩序でなければなりません。しかし、具体的にどのような秩序がもたらされるかは、まだ答えが出ていません。いずれにしても、これまでとはまったく異なる文明の姿が示される可能性は高いと考えられます。そうしたなかで、1つだけ言えるのは、これからの文明を我々自身がどのようにデザインしたいのか、具体的に考え、明らかにするべきだということです。

仮に1つの極論として、均質化した社会をよしとするなら、インターネット社会は個人を主体にした、混沌として無秩序な社会だということをも受け入れる必要があります。そのかわり、そのような社会では情報が拡散していきます。情報の拡散とは、リアル社会での噂の伝播と同じで、それが広まるにしたがい、どんどん情報の質が落ちていく危険性をはらんでいることも知っておくべきでしょう。

25
結局のところ「人生」とは何か

138億年にわたる宇宙の歴史を俯瞰できると言うと、「では、松井さんから見たら、人生は一瞬の花火のようなものですか？」と聞かれることがあります。しかし、それは誤解です。大きく俯瞰した視点をもっているからと言って、138億年の宇宙史に比べたら100年の人生などちっぽけなものだと言いたいわけではありません。

100年の人生も、そのときその瞬間に刻まれた情報の蓄積で考えると、すごい厚みをもつ可能性があります。100年どころか、私自身は幸若舞《こうわかまい》の「敦盛《あつもり》」で有名なフレーズ、「人生五十年」の心意気で生きてきたつもりです。

その頃に胃がんになり、人生もこれまでかと覚悟を決めたのですが、幸いにも生き延びました。そのときのことは前にも触れました。同じ頃に胃がんにかかった弟は、その5年後くらいに亡くなりました。そのときに、これは私が天命としてもっと長生きしろということだなと解釈して、いっそう毎日を無駄に過ごさないよう心がけてきました。

現在の我々は、１３８億年にわたる、宇宙の歴史を解読した知識を、頭のなかに内部モデルとして蓄積できる可能性をもっているのです。

それがどれだけすごいことかを実感している私からすると、いまの若い学生たちを見て、本当にもったいないと思います。生活が便利になって、暇ができても、その時間をゲームやＳＮＳに費やしているだけでは、現代という時代に生きる特権を享受していないからです。ホモ・サピエンスは初めて、この宇宙がどうしてこのような宇宙になったのか、なぜ我々が存在するのかについて、解き明かしつつあるのですから。

かつての東大の教授を見ていると、学内政治とか、学会のボスになるためとか、そういった学問の本質とはかけ離れた雑事に追われている人たちがたくさんいました。そして、いまの東大教授は法人化後の雑事に追われているようです。

それは一般の人にも言えることです。人生とは何かのために生きることだと思いますが、その「何か」があまりに些事《さじ》にかかわることだからです。ホモ・サピエンスは「生き延びる」という戦略から文明をつくって生き延びたわけではないのです。「何かのために生きる」という実験を始めたのです。単に長生きしたからといって、ホモ・サピエンスとして満足した生き方と言えるのか、私には甚《はなは》だ疑問です。

人生とは、頭のなかに内部モデルをつくりあげることです。50年の人生であれ、100年であれ、内部モデルが豊かであれば、実質的にその何倍もの時空を生きることになるというのが、私の実感なのです。

付録――この宇宙の遠大さと魅力に触れるための10冊

①『138億年 宇宙の旅』（クリストフ・ガルファール著、早川書房、2017年）
②『すごい物理学講義』（カルロ・ロヴェッリ著、河出書房新社、2017年）
③『宇宙のランドスケープ』（レオナルド・サスキンド著、日経BP社、2006年
④『隠れていた宇宙』（ブライアン・グリーン著、ハヤカワ文庫、2013年）
⑤『数学的な宇宙』（マックス・テグマーク著、講談社、2016年）
⑥『宇宙を織りなすもの』（ブライアン・グリーン著、草思社文庫、2016年）
⑦『無限の始まり』（デイヴィッド・ドイッチェ著、インターシフト、2013年）
⑧『この宇宙の片隅に』（ショーン・キャロル著、青土社、2017年）
⑨『物理学は世界をどこまで解明できるか』（マルセロ・グライサー著、白揚社、2017年）

⑩『ワープする宇宙』（リサ・ランドール著、ＮＨＫ出版、２００７年）

数多くの宇宙論関係の啓蒙書が出版されています。それぞれに、著者の個性が反映されていて面白いものです。

共通しているのは、前半に基礎的な紹介として、一般相対性理論に基づく時空という概念の説明、常識と相容れない世界の紹介として量子論が論じられ、その後、ビッグバン理論、インフレーション理論の紹介を経て、最後に、量子論と一般相対性理論を統合させる究極の理論として、量子重力理論に基づく宇宙論の議論が展開されることです。宇宙の始まりは、プランクの長さよりも小さいスケールにすべてが押し込まれた状態で、宇宙の始まりを語ろうとすれば、どうしてもそのような理論が必要になるのです。

量子の世界は、シュレディンガー方程式によって記述され、その解は状態の重ね合わせとして表現されます。しかし不思議なことに、それを観測したとたん、

1つの状態に収斂するという不思議な問題があります。

これはいまもって解けない問題ですが、初期にこの問題の考え方として、多世界解釈というものが提案されています。波動方程式の重ね合わせの状態は、多世界においてそれぞれすべて実現していて、我々の世界ではそれが1つの状態として観測されているという解釈です。宇宙論においても多宇宙（並行宇宙とか、メガバースとか、パラレルワールドなど、いろいろな表現がありますが意味するところは同じです）という概念がいまでは主流です。このことはここに挙げたどの本でも紹介されています。

同様に、濃淡はありますが、人間原理に言及する本も多くあります。とくに偏りもなく、バランスよく語られているのは①の『138億年　宇宙の旅』です。

究極の理論、すなわち量子重力理論の可能性として取り上げられるのは、超ひも理論が圧倒的に多いと思います。しかし、もう1つの可能性として、ループ量子重力理論などに基づく宇宙論が紹介されることもあります。②の『すごい物理学講義』がそれです。

超ひも理論に特化して宇宙が語られているのは、③の『宇宙のランドスケープ』です。超ひも理論が要請するおびただしい数の、それぞれ異なる物理法則をもつ、余剰次元のランドスケープ理論と、インフレーション理論に基づく宇宙論が展開されています。

それぞれの宇宙論関係の本では一応、教科書的にすべてが紹介されています。しかし、どの問題に焦点を当てるかが明確にされ、そこに論点が集約されているものも多々あります。

④の『隠れていた宇宙』と⑤の『数学的な宇宙』は、多宇宙が主たるテーマです。空間と時間、とくに「時間の矢」という問題に焦点を当てているのは、⑥の『宇宙を織りなすもの』です。

⑦の『無限の始まり』と、⑧の『この宇宙の片隅に』は少しテイストが異なります。生命や文明、思考、意識が宇宙論として論じられていることです。⑦は無

限という抽象的概念に焦点を当て、宇宙と世界が語られています。とくに⑧は、この宇宙には我々がいるが、その我々の認識する世界を語る、という点に特徴があります。世界の語り口には決まりはなく、それぞれの物語にそれぞれ意味があるという柔軟な姿勢で、著者は、ベイズ的知識構築ツールに基づいて、世界を語っています。

一方で、⑨の『物理学は世界をどこまで解明できるか』は、知の世界がどのように解明されているかを網羅的に紹介した本です。最初に語られる、知識の島という比喩は、知の世界の本質を表現するものとして新鮮です。

我々が経験できる宇宙は4次元です。しかし、超ひも理論は10次元ですし、最新バージョンであるM理論は11次元です。この宇宙には我々の感知できない余剰次元があるらしいのです。余剰次元に焦点を当てて、宇宙を語った初期の宇宙論が⑩の『ワープする宇宙』です。

松井孝典（まつい・たかふみ）
1946年静岡県生まれ。東京大学理学部卒、同大学院修了。理学博士。NASA研究員、東京大学大学院新領域創成科学研究科教授等をへて現在、千葉工業大学惑星探査研究センター所長、東京大学名誉教授。専門は惑星物理学、アストロバイオロジー、文明論。86年に科学誌「ネイチャー」に海の誕生を解明した「水惑星の理論」を発表し、世界的に注目される。NHK「地球大紀行」の制作には企画段階から参加し、わかりやすい解説でお茶の間の人気を博した。代表作『宇宙誌』（講談社学術文庫）をはじめ著書多数。

装　幀　　渡邊民人（TYPEFACE）
構成協力　神田賢人

138億年の人生論

2018年11月 9 日　第1刷発行
2021年 3 月16日　第4刷発行

著　者　松井孝典
発行者　大山邦興
発行所　株式会社飛鳥新社
〒101-0003　東京都千代田区一ツ橋2-4-3 光文恒産ビル
電話03-3263-7770（営業）　03-3263-7773（編集）
http://www.asukashinsha.co.jp

印刷・製本　中央精版印刷株式会社

ISBN978-4-86410-648-1